Kleine Ravensburger

Ich bin jetzt vier

Erzählt von Mijo Beccaria · Gemalt von Carmé Solé-Vendrell
Ins Deutsche übertragen von Ursel Scheffler

Otto Maier Ravensburg

Das ist Daniels Familie:
Mama und Papa, die manchmal ganz schön streng sind,
seine große Schwester, die ihn oft ärgert,
und sein kleiner Bruder, der ziemlich frech ist.
Aber eigentlich sind sie alle sehr lieb.
Heute sagt Papa zu Daniel:
„Komm, laß uns vor dem Essen eine Runde joggen."
Und dann laufen sie los.

Inzwischen decken Mama,
die große Schwester und der kleine Bruder
den Tisch. Sie decken ihn besonders festlich,
weil Daniel heute Geburtstag hat.

Ganz außer Puste kommen Daniel und Papa zurück.
Mama versteckt etwas hinter ihrem Rücken.
Es ist eine Postkarte mit einer Katze drauf. Sie miaut,
wenn man auf ihren Bauch drückt.
Auf der Rückseite steht:
„Für Daniel: Alles Gute zum Geburtstag!"
Es ist eine Karte von seinem Onkel,
der sehr weit weg wohnt.

Heute darf Daniel zwischen Mama und Papa sitzen.
Sonst sitzt dort immer der kleine Bruder.
Zum Nachtisch bringt Daniels Schwester einen großen Kuchen
herein, auf dem eins, zwei, drei, vier Kerzen brennen.
Daniel freut sich. Gleich wird er alle vier auspusten
und sich dabei etwas wünschen.

Dann bekommt Daniel seine Geschenke.
Papa schenkt ihm einen tollen Ball,
damit sie gemeinsam Fußball spielen können.
Mama umarmt Daniel ganz fest, mindestens vier Mal.
Die große Schwester schenkt ihm ein Malbuch und Filzstifte.
Und der kleine Bruder? Der würde am liebsten
all diese Geschenke für sich haben.

Auch am Abend ist alles anders als sonst.
„Schnell ins Bad und dann ins Bett!" sagt die Mutter sonst immer.
Heute abend badet Daniel wie ein König – so lange er mag.
Für ihn ganz allein wird die Wanne bis zum Rand mit Wasser gefüllt,
und es duftet nach Mamas Badeschaum.

Doch das ist noch nicht alles. Als Daniel ins Bett geht,
entdeckt er die kleine Lampe, die Mama dort angebracht hat.
Daniel kann sie vom Bett aus an- und ausmachen, wann er will.
Genau wie seine große Schwester.
Es war ein schöner Tag. Daniel wird ihn lange nicht vergessen.

Kleine Ravensburger

9   10   93   92

Erstmals 1987 in der Reihe Kleine Ravensburger Nr. 16
Lizenzausgabe mit Genehmigung des Verlages
Editions du Centurion, Paris
© 1985 Editions du Centurion, Paris
Titel der Originalausgabe: Aurélien a quatre ans
Umschlaggestaltung: Kirsch & Korn
Redaktion: Gerlinde Wiencirz
Alle Rechte dieser Ausgabe vorbehalten
durch Ravensburger Buchverlag
Otto Maier GmbH
Printed in Germany · ISBN 3-473-33116-3